STUDIO ISAMOTO

Sushi entdecken

FERNKÖSTLICHES LEICHT GEMACHT

CARLSEN COMICS

KEINE ANGST VOR SUSHI
Mein Freund Takashi hat uns beide zum Sushi-Essen zu sich nach Hause eingeladen.
Oha!
Hast du schon mal Sushi gegessen?
Nö!
Ich weiß was! Ich kenne ein tolles Sushi-Restaurant, gleich um die Ecke! Da könnten wir vorher hingehen!

Hier ist es! Hast du Lust, es mal auszupro-bieren?
Klar! Dann blamieren wir uns nicht bei Takashis Frau!
POP CORN
Genau!
Also, los!
...ODEL DOCH LIEBEL WIEDEL ZUM CHINESEN?
かつお
かれ
た
まぐ
Äh...
Vielleicht ist der Platz an der Theke nur für Japaner!
SCHWEISS

Herzlich willkommen!
Willkommen! Die Speisekarte?
Ja, danke!
Entschuldigung... Was bedeutet »Pflaume«, »Kiefer« und »Bambus«?
Aha?
Das sind die Namen der Menüs.
梅
竹
松
Je nach Üppigkeit: »Pflaume« ist ein kleines Menü, »Bambus« ein mittleres und »Kiefer« ein großes!
Wollen wir »Bambus« versuchen?
Okay!
Und dazu Tee?
Zweimal »Bambus« und grüner Tee?
Und ein Bier!

Oh! Puppengeschirr, wie niedlich!
Das ist für die Sojasoße!
He, und dies sind keine Grissini, sondern Essstäbchen, du Anfänger!
Sscht! Ist ja gut, weiß ich doch!
Man muss sie nur auseinander brechen!
KNIC
KNAC
Ähm... Können wir neue Essstäbchen haben?
Natürlich, kein Problem!
Uh!
Hier! Ich habe sie für Sie durchgebrochen!
Danke!
Psst... Kannst du eigentlich mit Stäbchen essen?
Nee...
KAPUTTE ESSSTÄB

Huch! Soll das die Vorspeise sein?
Scht!
Erster Gang: Nigiri mit Lachs! Bitte schön!
Hrgs! Gar nicht so einfach mit den Stäbchen!
Uff!
Hey, ich hab's raus!

Das macht nichts!
Man kann Sushi auch mit den Fingern essen!
Hier!
Probieren Sie!
Ja, das ist besser!
Oooch, nö!
Mein Sushi löst sich auf!
Sie müssen immer die Fischseite in die Sojasoße tunken!
Wasabi gefällig?
Ham!
Na, jetzt aber!

*In Kombination mit einem Namen wird Sushi mit »Z« geschrieben!

Hausmanns Sushi
Hab ich Kohldampf! Ich könnte 'ne ganze Kiefer verdrücken!
Haha! übernimm dich mal nicht, du Pflaume!
EEP!
Halloo!
Kommt rein, kommt rein!
Das Essen ist noch nicht ganz fertig...

Fein...
... kann ich da ein wenig zuschauen?
Natürlich, gerne!
Wir haben Bier mitgebracht!
Toll, danke!
Kommt mit in die Küche!
Hui! Da kocht was!
Ja, mein elektrischer Reis-kocher. So einen hat fast jeder japani-sche Haushalt!
Wie praktisch!
Heute gibt es Temaki-Zushi...
Das ist eine Handrolle, die bei Tisch zu-bereitet wird.
Als Zutat schneide ich Ge-müse in feine Streifen!
Boah, geht das fix!

Heute habe ich Lachs und Thunfisch gekauft!
Hoffentlich mögt ihr rohen Fisch!
Ja, klar!
Hey, das sieht ja toll aus!
Jetzt fehlt nur noch das Omelett!
Tsis! Eine viereckige Pfanne?
Wenn das Omelett fertig ist...
... kann man gleichmäßige Scheiben davon abschneiden...
Ah!
So! Der Reis ist gar!
Jetzt kannst du mir helfen!
Aber klar!

Diese Mischung aus Zucker, Essig und Salz kommt an den Reis.
Nimm dir den Papierfächer da...
... und jetzt kräftig wedeln, damit der Reis abkühlt, sonst wird er matschig!
Okay!
So, das war's! Wir können essen!
He, schau mal, ist das nicht ein toller Tisch? Gleich mit Decke, für die Beine!
In Japan steht manchmal sogar noch ein Heizgerät darunter, wenn es kalt ist!
Deutsches Bier und Sushi passen wirklich prima zusammen! Kanpai!
Prosit!
Prost!
Kanpai!

Hm, sieht das alles gut aus!
Zuerst ein Blatt Nori, getrockneter Seetang! Bitte!
Dann ein Löffel Reis...
... den man etwas flach drückt.
Und hier habe ich etwas ganz Exklusives!
Diese Wasabi-Wurzel hat mir ein Freund aus Japan mitgebracht! Hier bekommt man so etwas nicht...
Diese Reibe ist auch etwas Besonderes!
Das ist ein Stück Haifischhaut auf einem Holzbrett! Darauf kann man die Wurzel zu einer feinen Paste reiben!
Vorsicht! Weißt du noch, was im Restaurant passiert ist?

Ich nehme ja nur einen Hauch!
Jetzt etwas Fisch, Ei und Gemüse, ganz wie ihr mögt!
Passt auf...
... wenn ihr zuviel drauflegt, wird das Zusammenfalten schwierig!
Ooch...
... das passt schon!
So! Nun nehmt ihr euer Temaki-Zushi in die Hand...
... und faltet es zu einer Tüte.

So!
KLAPP KLAPP
Wie eine kleine Eistüte!
KLAPP KLAPP
KLAPP KLAPP
Tja, noch nicht perfekt, aber das wird schon!
Genau! Gleich noch mal!
Diese Art, Sushi zu Hause zu machen, gibt es in Japan noch gar nicht so lange... Erst in den achtziger Jahren kam das in Mode.

Sushi gab es früher nur in teuren Restaurants!
Es musste von Meisterhand gemacht werden!
Daheim wurde einfach Reis mit gegrilltem Fisch oder Fleisch gegessen, mit etwas Nori und Gemüse!
Sind doch fast dieselben Zutaten, nicht?
Tja...
... aber mit Sushi ist das wie mit feinen Pralinen! Das Auge isst mit!
Daher werden in Spitzenrestaurants nur die besten Zutaten verwendet! Das Fischfilet, zum Beispiel, muss absolut perfekt aussehen.
Aber man kann doch nicht in die Fische reinkucken beim Kaufen!
Ein Sushi-Meister hat Erfahrung im Aussuchen der besten Ware, denn es gehört zu seinen Aufgaben, auf dem Fischmarkt einzukaufen!
Uff!

Ein Sushi-Meister kauft ein...
Der Fischgroßmarkt beginnt in der Nacht...
Vor Sonnenaufgang hat der Sushi-Meister seinen Tagesbedarf eingekauft.
Besondere Bestellungen werden via Paris nach Deutschland geliefert! Der Pariser Fischmarkt ist der größte Europas!
Dort werden Fische aus der ganzen Welt verkauft.
Für sein Restaurant in Hamburg hat der Sushi-Meister einen ganzen Mittelmeerthunfisch bestellt!

Es gibt verschiedene Arten von Thunfisch... Gewöhnlich bekommt der Sushi-Meister in Deutschland einen »Kihada Maguro«, eine kleine Sorte, die im Herbst am fettesten ist.
Der König unter den Thunfischen ist der »Hon Maguro«, das bedeutet »echter Thunfisch«. Nur er hat die fetten Bauchstücke, die »Toro« genannt werden.
Diese Fische werden fast immer nach Japan verkauft.
Daher ist »Toro« in Europa kaum zu bekommen!
Lachs und Lachskaviar kommen meistens aus Kanada.
TOAST
MAJO
Der Sushi-Meister achtet darauf, nur Fisch auszusuchen, der komplett mit Eis bedeckt war, also optimal gekühlt wurde.
Außerdem muss der Fisch eine gerade, schöne Form haben und darf keine Verletzung aufweisen!
ROST
10991

Kleine Wunden hinterlassen Blutgerinnsel im Fischfilet und machen es für die Sushi-Küche unbrauchbar.
Dreckige, trübe und rote Augen sind auch ein Zeichen für nicht einwandfreie Fische.
Wenn ein Fisch nicht sorgfältig ausgenommen wurde...
... riecht das Fischfilet später unangenehm nach Innereien!
Sushi-Fisch darf nicht mager sein...
Fetter Fisch ist zarter und aromatischer.
In welchem Zustand ein Fisch ist, kann man an seinem Bauch erkennen.

Wenn die deutschen und dänischen Fische zu mager sind...
... muss der Sushi-Meister Fisch aus Italien, Spanien, Marokko, Neuseeland und Australien kaufen...
...oder tiefgefrorene Ware aus Asien!
FROZEN MACKEREL
FROZEN MA
FROZEN MA
FROZEN M
Dort gibt es Tiefkühlprodukte, die bereits für die Sushi-Küche vorbereitet sind.
FROZEN MACKEREL
FROZEN M
Garnelen und Tintenfische kommen ebenfalls tiefgefroren aus Asien.
JUMBO SHRIMP
JUMBO SHRIMP
FROZEN MACKEREL

GREENPEACE
GEGEN ÜBERFISCHUNG DER MEERE
Hier zu Lande stehen Tradition und Qualität in Konflikt mit dem Gesetz.
Seit einigen Jahren dürfen in Deutschland keine lebenden Salzwasserfische und Meerestiere mehr verkauft werden.
Greenpeace-Mitarbeiter führen regelmäßige Kontrollen auf Fischmärkten durch.
In Japan ist es üblich, Garnelen für die Sushi-Küche lebendig zu kaufen.
Ebenso Tintenfisch.
Das Tintenfischfleisch ist bei dieser Frische fast durchsichtig!

Ein Sushi-Menü richtet sich nach Angebot und Jahreszeit!
FROZEN MACKEREL
1A FISCH
Jeder Einkauf auf dem Fischmarkt ist eine Jagd nach der frischesten Ware.
Die meisten Händler kennen den Sushi-Meister inzwischen so gut, dass er sich die besten Fische heraussuchen darf.
Er ist einer der Top-Kunden des Fischmarkts!
Aber einkaufen ist nicht alles!
Nun muss der Fisch für Sushi auch noch richtig vorbereitet werden!
Was für'n Job!

IN DER KÜCHE DES SUSHI-MEISTERS
Gleich nach dem Einkauf muss der Sushi-Meister den Fisch für seine Arbeit vorbereiten!
Zuerst zerteilt er den Kihada Maguro. Die Thunfischstücke werden der Qualität und Verwendung nach sortiert.
Die obere Hälfte des Fisches ist wertvoller als die untere: Diese ist vom Eigengewicht des Fisches zusammengedrückt worden und daher weniger zart.
Nahe der Innereien ist das Fleisch durch geronnenes Blut dunkel gefärbt und muss aussortiert werden. Nur etwa 50 % des Thunfisches kann für Sushi verwendet werden. Den Rest verbraucht der Koch für andere Gerichte.
Die Filets für den Sushi-Tresen werden in Blöcke geteilt...
... von denen später Scheiben in der richtigen Größe abgeschnitten werden können.

Alle anderen eingekauften Fische werden sorgfältig gewaschen und geschuppt.
Der Kopf eines Fisches wird hinter den Kiemen abgeschnitten...
... dann wird das eine Filet vom Bauch aus von der Mittelgräte geschnitten...
... der Fisch gewendet und das andere Filet vom Rücken her abgetrennt.
Diese Dreiteilung nennt man in Japan »Sanmai Oroshi«.
Der Koch tastet das Filet ab und entfernt kleine Gräten mit der Pinzette.
Danach ist der Fisch fertig für den Sushi-Tresen.

Damit sie beim Kochen schön gerade bleiben, werden die aufgetauten Garnelen auf Bambusspieße gesteckt.
BLACK TIGER SHRIMP
Der Spieß wird auf der Bauchseite vom Kopf bis zum Schwanz unter die Schale geschoben.
Nach dem Kochen werden die Garnelen abgeschreckt, der Spieß wird entfernt und die Schale bis auf den Schwanz abgepellt.
Nun muss noch der Darm entfernt werden.
Dazu schneidet man die Garnelen von der Bauchseite her auf...
... und drückt sie flach.
Der Darm sieht aus wie ein schwarzes Fädchen und lässt sich einfach herausnehmen.
Zum Schluss werden die Garnelen für den Tresen dekorativ gestapelt.

Makrele, auf Japanisch »Saba«, wird in der Sushi-Küche oft mariniert. Dafür sucht der Sushi-Meister fette, rundliche Fische aus.
Die Filets werden mit Salz bedeckt und etwa dreißig Minuten stehen gelassen.
SALZ
Nach dieser Zeit wird das Salz abgewaschen...
... und die Filets werden weitere dreißig Minuten in Getreideessig mariniert.
Nach dem Abtropfen müssen sie im Kühlschrank einen Tag lang durchziehen. Dabei wird das Fleisch weiß, wie beim Bismarkhering.
Beim Kochen von Sushi-Reis hat jeder Koch seine eigene Methode. Da japanischer Reis schwer zu bekommen ist, mischt der Meister kalifornische Sorten nach seinem Geschmack.

Vor dem Kochen wird der Reis gewaschen und eine halbe Stunde im Wasser eingeweicht.
In seinem Reiskocher gart der Sushi-Meister immer nur ein »Sho« Reis, das sind 1,8 Liter, auf einmal.
Das Gewicht einer größeren Menge Reis würde die unteren Körner zusammen-pressen.
Er gibt ein Stück »Konbu« mit ins Koch-wasser. Diese getrocknete Seetangart gibt dem Reis zusätzliches Aroma.
Nach dem Kochen wird der Reis in eine angefeuchtete Holzschüssel gefüllt.
Beim Säuern mit der Mischung aus Essig, Salz und Zucker wendet der Meister den Reis mit einem feuchten, breiten Holzlöffel, ohne dabei Reiskörner zu zerdrücken. Zum Kühlen benutzt er einen Fächer.
Der Reis ist noch immer 60 Grad warm, wenn er in den Thermobehälter umgefüllt wird.
Die ideale Temperatur für Sushi-Reis ist 35 Grad.
Nach etwa einer Stunde hat der Reis im Behälter diese vorgesehene Temperatur erreicht und ist zu verwenden.

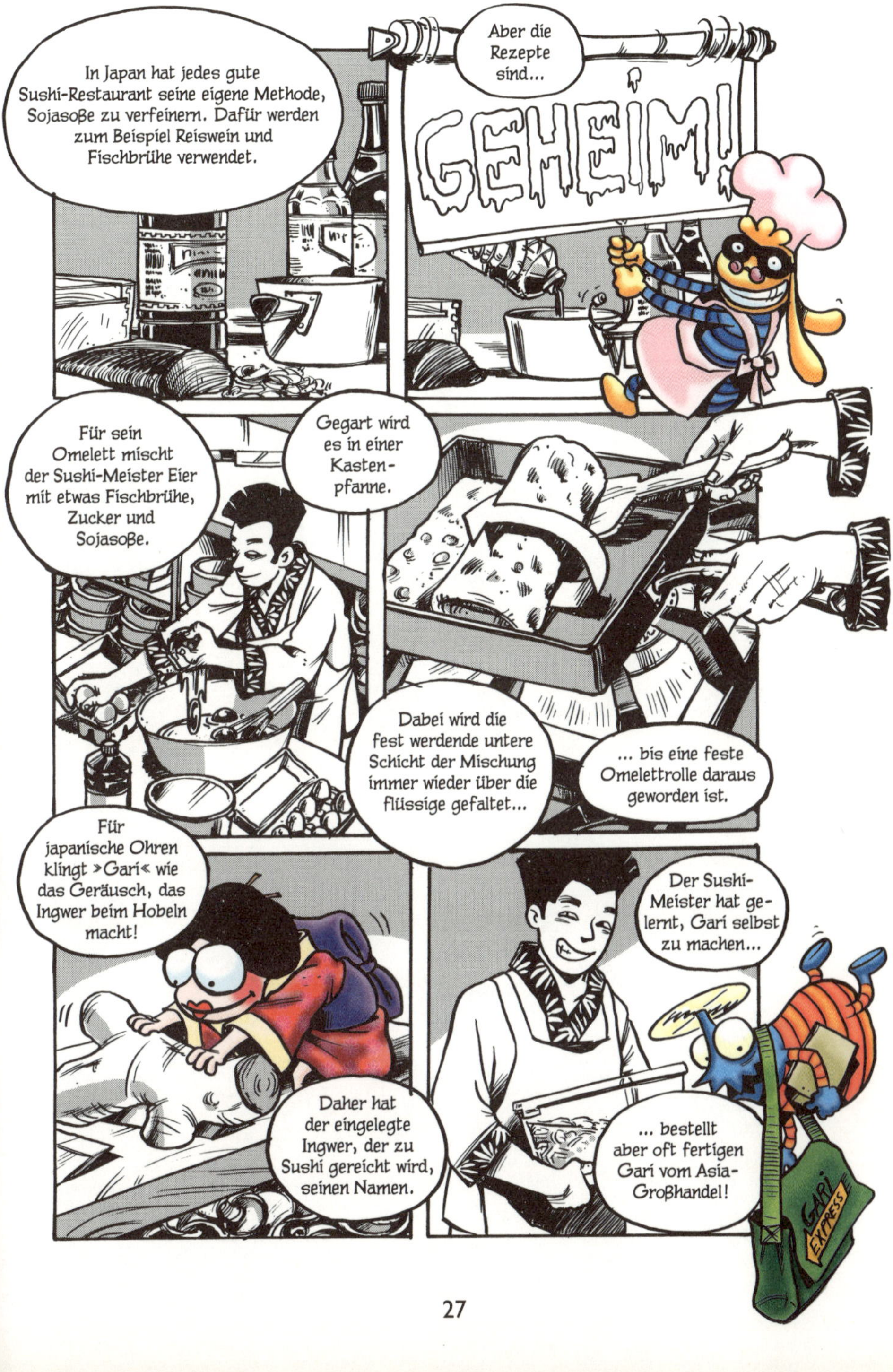
In Japan hat jedes gute Sushi-Restaurant seine eigene Methode, Sojasoße zu verfeinern. Dafür werden zum Beispiel Reiswein und Fischbrühe verwendet.
Aber die Rezepte sind...
GEHEIM!
Für sein Omelett mischt der Sushi-Meister Eier mit etwas Fischbrühe, Zucker und Sojasoße.
Gegart wird es in einer Kasten-pfanne.
Dabei wird die fest werdende untere Schicht der Mischung immer wieder über die flüssige gefaltet...
... bis eine feste Omelettrolle daraus geworden ist.
Für japanische Ohren klingt »Gari« wie das Geräusch, das Ingwer beim Hobeln macht!
Daher hat der eingelegte Ingwer, der zu Sushi gereicht wird, seinen Namen.
Der Sushi-Meister hat gelernt, Gari selbst zu machen...
... bestellt aber oft fertigen Gari vom Asia-Großhandel!
GARI EXPRESS

Außer verschiedenen Gemüsen wie Gurken, Avocados, Rettich, etc. werden noch Bambusblätter zur Dekoration der »Geta« vorbereitet.
»Geta« ist das Wort für die japanische Holzsandale, der das Tablett ähnelt, auf dem Sushi serviert wird.
Mithife der desinfizierenden Eigenschaft von Bambusblättern wurde Fisch ehemals haltbar gemacht. In Zeiten des Kühlschranks zeigt ein Sushi-Meister an ihnen seine Messerkunst.
Bevor das Restaurant öffnet, muss alles an seinem Platz sein!
Reis
Dicke, süße Soja-Soße
Nori, Gari und Wasabi
Bambusblätter
Fisch
Omelett
Verschiedene Seetangvariationen
Gemüse und Fischvorrat
Uffa!
Und ich dachte, da wird nur ein bisschen Fisch geschnibbelt...
Hahaha! Die eigentliche Arbeit geht ja nun erst los! Hinter dem Sushi-Tresen!

DER SUSHI-TRESEN
あ
しゃ
とり
えん
いか
たこ
はまち
まぐろ
Ein guter Sushi-Tresen ist hell beleuchtet, damit man die Zutaten gut sehen kann!
Das Fischangebot wird auf Holztäfelchen angezeigt!
Der Fisch im Tresen wird dargeboten wie die Kostbarkeiten eines Juweliers!
Es gibt keine Speisefolge im Sushi-Menü, ein Gast kann sein Menü ganz nach seinem Geschmack gestalten.
Dabei wird er sorgfältig vom Sushi-Meister beraten.
Vielleicht entscheidet sich der Gast zu Beginn für Thunfisch-Nigiri.

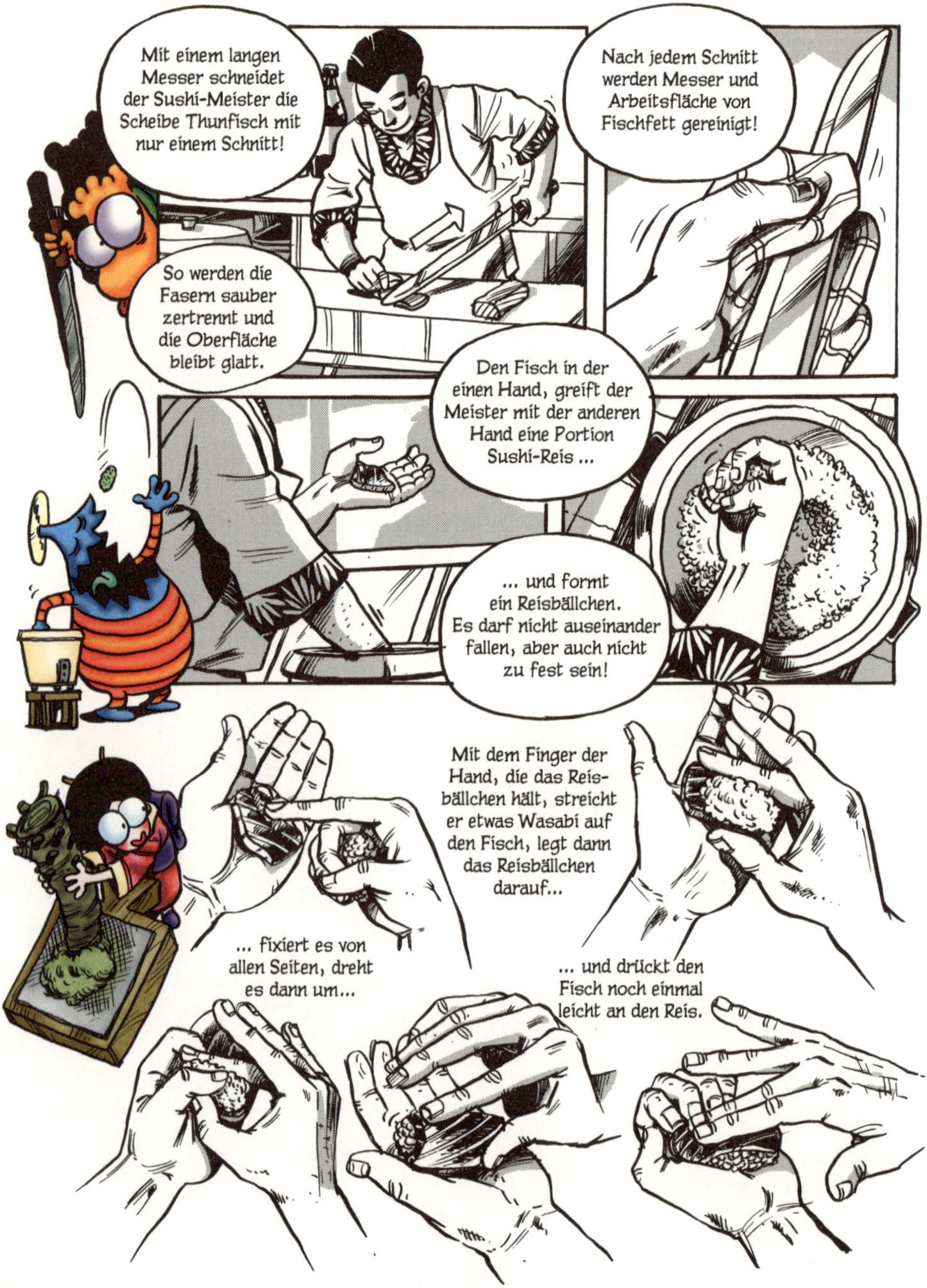

Mit einem langen Messer schneidet der Sushi-Meister die Scheibe Thunfisch mit nur einem Schnitt!
So werden die Fasern sauber zertrennt und die Oberfläche bleibt glatt.
Nach jedem Schnitt werden Messer und Arbeitsfläche von Fischfett gereinigt!
Den Fisch in der einen Hand, greift der Meister mit der anderen Hand eine Portion Sushi-Reis ...
... und formt ein Reisbällchen. Es darf nicht auseinander fallen, aber auch nicht zu fest sein!
Mit dem Finger der Hand, die das Reisbällchen hält, streicht er etwas Wasabi auf den Fisch, legt dann das Reisbällchen darauf...
... fixiert es von allen Seiten, dreht es dann um...
... und drückt den Fisch noch einmal leicht an den Reis.

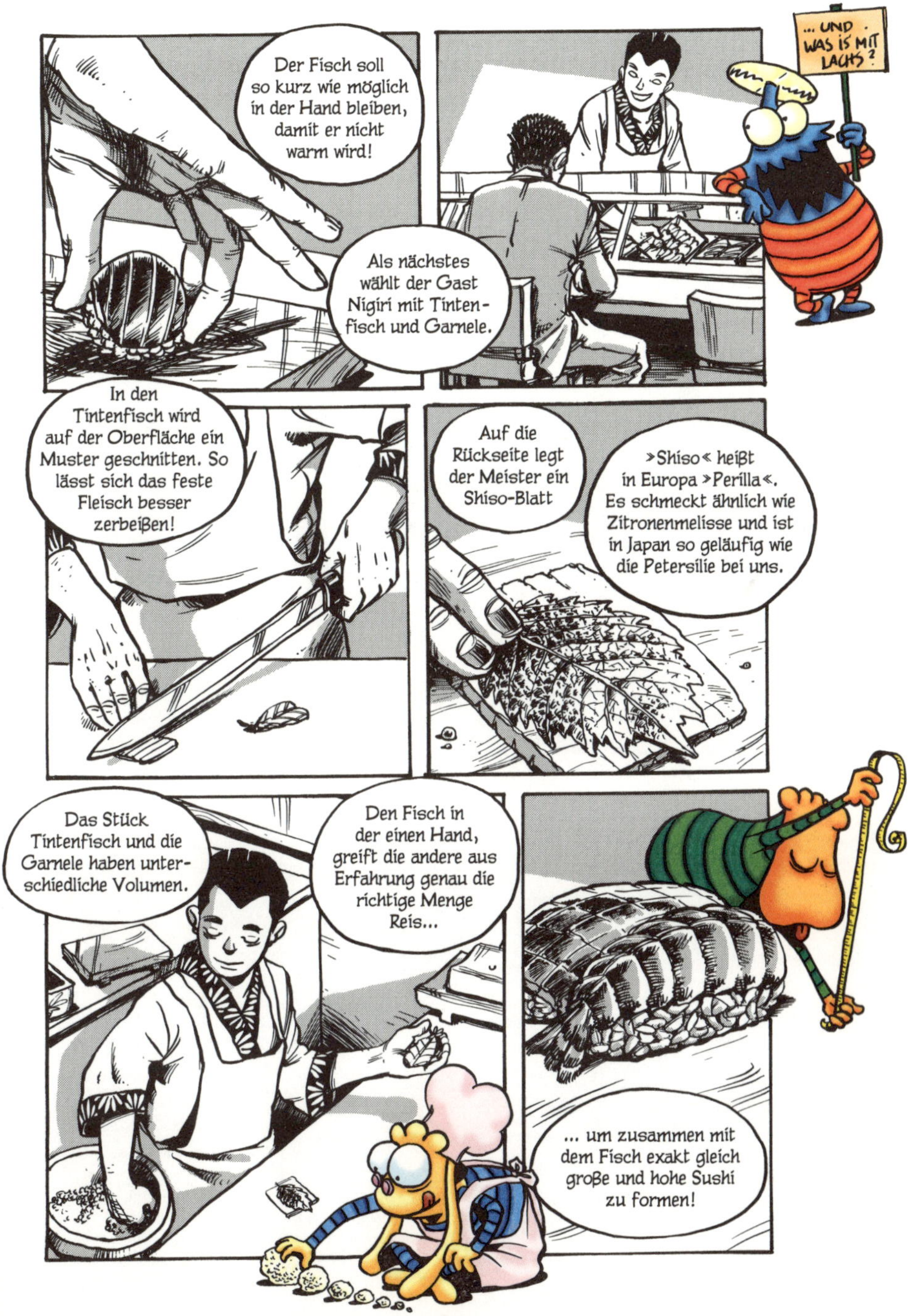
Der Fisch soll so kurz wie möglich in der Hand bleiben, damit er nicht warm wird!
Als nächstes wählt der Gast Nigiri mit Tintenfisch und Garnele.
... UND WAS IS MIT LACHS?
In den Tintenfisch wird auf der Oberfläche ein Muster geschnitten. So lässt sich das feste Fleisch besser zerbeißen!
Auf die Rückseite legt der Meister ein Shiso-Blatt
»Shiso« heißt in Europa »Perilla«. Es schmeckt ähnlich wie Zitronenmelisse und ist in Japan so geläufig wie die Petersilie bei uns.
Das Stück Tintenfisch und die Garnele haben unterschiedliche Volumen.
Den Fisch in der einen Hand, greift die andere aus Erfahrung genau die richtige Menge Reis...
... um zusammen mit dem Fisch exakt gleich große und hohe Sushi zu formen!

Nun bestellt der Gast »Oshi-Zushi« mit marinierter Makrele.
»Oshi« ist das japanische Wort für »drücken«. Oshi-Zushi ist eine sehr traditionelle Art von Sushi.
Ein Holzkasten wird mit Bambusblättern ausgelegt, damit nichts am Boden kleben bleibt. Darauf werden Makrelenfilets verteilt.
Danach wird der Kasten mit Reis aufgefüllt.
Mit einem passenden Stempel wird der Kasteninhalt zu einem Block zusammen-gedrückt.
Deckel und Kastenrahmen werden vorsichtig ab-genommen.
Der Block wird gewendet und mit transparentem See-tang garniert.
Oshi-Zushi wird, in mundgerechte Stücke geschnitten, serviert. Der Seetang lässt die Stücke aus-sehen wie mit einer Eisschicht überzogen.

Eine besondere Geschicklichkeit, auf die der Sushi-Meister sehr stolz ist, ist das Zubereiten von »Gunkan-Maki«.
Ein Streifen Nori wird zugeschnitten und bereitgelegt.
Ein Reisbällchen wird geformt...
Dabei behält der Meister ein oder zwei Körner an seinem Daumen zurück.
In derselben Hand wickelt er den Nori um den Reis...
... und klebt den Streifen mit den Reiskörnern zusammen!
Der entstandene Trichter wird mit Lachseiern gefüllt...
... und mit einem Fächer aus Salatgurke garniert.

Zur Abwechslung macht der Sushi-Meister nun einige vegetarische Sushi.
Darauf wird, wie bei der Handrolle, eine Schicht Sushi-Reis verteilt, auf den ein Hauch Wasabi gestrichen wird.
Außer Salatgurke mit Sesam können auch andere Gemüse wie Avocado oder eingelegter Kürbis verwendet werden.
Mithilfe der Bambusmatte wird eine Rolle geformt...
... und in Stücke geschnitten.
Für Nigiri mit Ei wird eine Scheibe von dem Omelett auf ein Reisbällchen gelegt...
... und mit einem Noristreifen umwickelt.

Zum Abschluss gibt es eine Kreation des Sushi-Meisters...
... eine Handrolle mit gegrillter Lachshaut, die in der Küche dafür vorbereitet wird.
Nach dem Grillen wird die Haut, an der auch noch ein guter Teil Lachs haftet, auf Nori und Reis gelegt.
Darauf wird eine selbst gekochte süße Sojasoße gepinselt.
Der Sushi-Meister faltet eine Handrolle...
... und klebt, damit nichts heraustropfen kann, ein Stück Nori unter die Spitze.
Hm!
Ich kriege schon wieder Hunger!
Kein Problem! Ich gebe euch Tipps was und wo ihr einkaufen könnt!
Das klingt alles sooo spannend, das würde ich gern mal selbst ausprobieren!

SELBST IST DER SUSHI-MEISTER
FISCH FACHG
Diesen Fischladen hat Midori empfohlen!
Äh, wollen wir da jetzt echt rein und sagen: »Hallo! Wir möchten Sushi machen, was haben Sie denn so für uns da?« Ich weiß nicht…
Na klar! Midori sagt, sie macht das genauso!
Ach!
Hallo! Wir möchten gern Sushi machen…
Lachs, Thunfisch, Makrele, Rotbarsch, Zander, Scholle…
ALLES FRISCH!

... Steinbutt, Seebarsch und Dorade!
Oh...
Äh...
Haha! Tja, ich habe viele japanische Kunden!
Lass uns mal mit einem Fisch anfangen, ja?
Okay! Wie wär's mit Thunfisch?
36
Wie viel darf's denn sein?
So etwa 200 Gramm?
Wenn's geht eine Scheibe, die so dick ist... Zum Schneiden für Sushi, wissen Sie?
Das sind dann aber mehr als 200 Gramm!
36
Hm, was kostet denn das Stück jetzt?
Sechzehn achtzig!
Uff!
Ach, komm! Dann gibt's eben den Rest der Woche Knäckebrot!

HUSTEN-BONBONS
Was brauchen wir noch?
Gemüse!
Midori hat mir Rezepte für ein kleines Menü gegeben!
Wir brauchen Spinat, eine Salatgurke und Frühlingszwiebeln!
He, ist das nicht zu viel? So 'ne Riesentüte Spinat?
Das sind nur 300 Gramm! Nach dem Kochen ist das höchstens noch eine Handvoll!
Am besten bringen wir erstmal diese Sachen nach Hause...
Dann kannst du nach Asia-Läden gucken!
Scheiß-Branchenbuch! Kein Asia-Laden, weder unter »Verbrauchermärkte«...
... noch unter »Einzelhandel« oder »Gastrobedarf«, nicht zu fassen!
Versuch's mal mit »Lebensmittel«!
Da, siehst du?
»Asia-Import« ist ganz in unserer Nähe!
Grmf!

ASIA-IMPORT
ASIA-IMPORT
Hast du Midoris Liste? Das wird 'n Stück Arbeit, alles zu finden!
Kuck mal, hier ist jede Menge Reis!
Hier steht »Sushi-Reis« drauf!
Das ist der Richtige! Die Reiskörner sind rundlich wie bei Milchreis, das hat Midori beschrieben!
PREMIUM GRADE
NISHUKI
NET WT 1 KILO (2.2 LBS)
Stimmt! Ein Häkchen auf der Liste, Juphei!
Uff, aber der Rest!
Hier! Ich glaube, die japanischen Sachen sind alle in dieser Ecke!

Aber...
Es gibt hier mindestens 20 Sorten Sojasoße!
Midori meinte, man muss aufpassen, dass man keine süße chinesische oder thailändische Sorte erwischt!
Diese hier ist in Japan hergestellt, und ohne Zucker!
Bingo!
Beim Essig gibt es sogar eine fertige Gewürzmischung für Sushi-Reis!
Und was ist da alles drin?
Essig, Zucker, Salz und Geschmacksverstärker!
Hier ist normaler Getreideessig!
Der ist billiger, ohne Chemie, und es steht sogar ein Rezept für Sushi-Reis hintendrauf! Also ist der wohl okay, oder?
Hast Recht, Salz und Zucker können wir auch selber reintun!
Da, ist das nicht dieser Seetang zum Reiskochen?
Konbu!
Sieht so aus!
Es gibt nur die eine Sorte!

Hier ist Nori! Mann, ist der teuer! Fast fünf Ocken für zehn Blätter!
Midori meinte, dass es unterschiedliche Preise gibt...
Nehmen Sie koreanischen Nori, ist billiger und auch gut!
Oh, ja! Danke!
Na, wenn das so ist, schauen wir bei Wasabi auch nach der koreanischen Sorte?
Klar!
Hier! Wasabi in der Tube, aus Japan!
Dieser ist aus China und der ist billiger, haha!
Vom Sesam gibt's hier nur eine Sorte!
Vom Gari auch!
Dann war's das?
Ich glaube schon!

So! Los geht's! Was hast du da in dem Karton?
Das sind Utensilien, die Midori uns geliehen hat, für den Anfang, zum Ausprobieren!
ASIA IMORT
Einen Mörser zum Sesam mahlen.
Ein japanisches Allzweckmesser
Eine Bambusmatte zum Maki-Zushi rollen.
Einen Fächer zum Reis kühlen und einen breiten Holzlöffel.
Stäbchen und Schälchen für Sojasoße
Ich lese mal das Menü vor: Wir machen Nigiri mit Thunfisch, Maki-Zushi mit Gurke und Maki-Zushi mit Thunfischtatar!
Hm!
Dazu gibt es einen Salat aus Spinat mit Sesam!
Gut, womit fangen wir an?

Reis waschen! In dem Topf! Zwei Tassen sind genug.
Gut!
Der Reis muss mit kaltem Wasser gespült werden! Du wechselst das Wasser so oft aus...
...bis es nicht mehr trübe ist.
Und nun?
Dann soll der Reis eine halbe Stunde im Wasser einweichen!
Inzwischen zerstoße ich den Sesam und du wäschst den Spinat. Das Waschen hast du ja schon geübt!
Grmf!
Die Stiele! Sollen die dranbleiben?
Ja! Die machen wir nach dem Blanchieren ab.
Ups! Da fällt mir ein...
...ich muss dafür noch Wasser aufsetzen. Kann ich mal eben?
He!

So! Ich bin fertig mit dem Spinat.
Fein, es ist Zeit, den Reis aufzusetzen!
Für die richtige Menge Kochwasser hat mir Midori einen Hausfrauentrick verraten...
So?
Sie legt ihre Hand auf den Reis und lässt Wasser zulaufen, bis es die Handknöchel erreicht hat!
Siehst du?
Das ist die richtige Menge!
Ich schneide mal ein Stück Konbu ab, für den Reis.
FRANZÖSISCH DEUTSCH
Danke! Jetzt soll der Reis erst einmal aufkochen.
Inzwischen blanchieren wir den Spinat.
Der darf nur ganz kurz in kochendes Wasser, sodass er eine knallgrüne Farbe bekommt!

Dann sofort abgießen!
Und mit eiskaltem Wasser abschrecken!
So behält er die Farbe.
Dann können die Spinatblätter auf einem Tuch ab-tropfen.
Jetzt kannst du sie vorsichtig auswringen, wie Waschlappen!
Mach ich. Übrigens, der Reis kocht!
Kuck mal, das Wasser ist ganz ver-dampft!
Wenn man den Herd jetzt ausstellt, reicht die Wärme der Platte aus, damit der Reis ausquellen kann.
Soll ich mal die Spinatmumien hier klein-schneiden?
Hm! Und jetzt kannst du die Stiele ab-machen!
Dann mischen wir den Spinat mit dem Sesam und einem Dressing aus zwei Ess-löffeln Sojasoße und einer Prise Zucker.
Hm! Der Sesam riecht extrem appetitlich!
Finger weg!

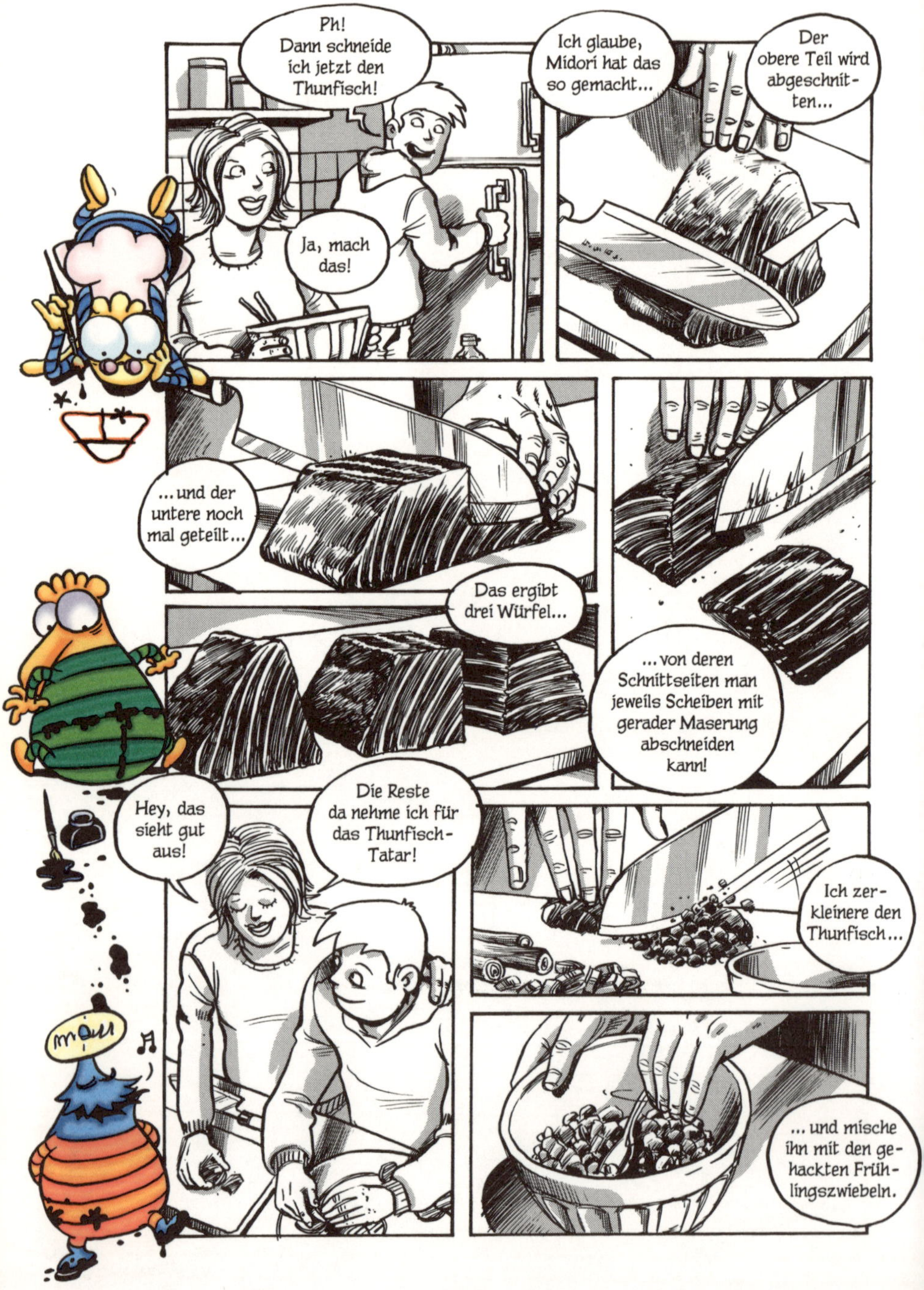
Ph! Dann schneide ich jetzt den Thunfisch!
Ja, mach das!
Ich glaube, Midori hat das so gemacht...
Der obere Teil wird abgeschnitten...
...und der untere noch mal geteilt...
Das ergibt drei Würfel...
...von deren Schnittseiten man jeweils Scheiben mit gerader Maserung abschneiden kann!
Hey, das sieht gut aus!
Die Reste da nehme ich für das Thunfisch-Tatar!
Ich zerkleinere den Thunfisch...
... und mische ihn mit den gehackten Frühlingszwiebeln.

Der Reis ist fertig!
Woran erkennst du das?
Siehst du, wie die Reiskörner sich aufgerichtet haben? Daran!
Stimmt! Ist ja'n Ding!
Kannst du die Essigmischung machen? Ich feuchte schon mal Löffel und Schüssel an.
Okay! Also eine halbe Tasse Essig, ein Teelöffel Zucker...
...und ein halber Teelöffel Salz.
Bereit?
Roger!
SUSHI
Und los!
Midori hat den Löffel wie einen Pflug bewegt...
Und?
So kommt am schnellsten Luft auch an die unteren Reisschichten!
Hm, vielleicht noch eine Prise Salz?

He!
Lass noch was fürs Sushi übrig! Rollen wir zuerst Maki-Zushi?
Au ja! Darf ich anfangen?
Na schön! Ich schneide dir die Salatgurke zurecht
So... Da hätten wir Nori, Reis und ein Glas Essigwasser für die Finger!
Na? Der Reis soll schön bis zum Rand verteilt werden!
Phuu, wie das klebt!
Hier, die Gurke!
Danke!
Geht's?
Gar nicht so einfach, das!

Tataaah!
Najaaa, die Gurke ist nicht ganz in der Mitte!
Übung macht den Meister! Jetzt will ich!
Ich mache eine Rolle mit der Thunfisch-Mischung!
Pass auf, nicht die Bambusmatte mit einrollen!
Mach ich ja, mach ich ja!
Na? Was sagst du nun?
Und der Fisch ist auch in der Mitte!
Pff! Na wart's ab, jetzt bin ich wieder dran!
Aber wollten wir nicht auch ein paar Nigiri machen?

Hahaaaa! Dann werde ich eben der weltbeste Reisbällchen-Former!
Hrgs, weiß der Geier, wie die Sushi-Meister das mit einer Hand hin-kriegen!
Hm, najaa!
Pfff!
He, dann versuch du es doch mal!
Muss ja' n Grund haben, warum die Sushi-Meister sieben Jahre Lehrzeit brauchen!
Ach, egal!
Etwas Wasabi darauf und dann der Thunfisch!
Fertig!
So, jetzt essen wir aber!

Hm! Dieser Spinatsalat ist genial!
Und erst die Maki mit Thunfisch-Tatar!
Ich finde, für's erste Mal haben wir ziemlich gut aufgefahren!
Wenn man die Grundbegriffe kapiert hat, kann man ja jede Menge Variationen ausprobieren!
Die Ideen holen wir uns bei Midori, in Restaurants oder aus Kochbüchern!
Und in der Zwischenzeit werden wir ein super-eingespieltes Küchenteam!
Spätestens nach sieben Jahren Lehrzeit!

2 Monate später
Hey, da sind ja Midori und Takashi! Hee, Huhuu!
Hallo! Wie geht's euch?
Naaa, auch als Tütenschlepper unterwegs?
Kicher!
Nochmals vielen Dank für die vielen tollen Tipps und Rezepte!
Schmeckt's euch denn noch?
Ha! Wir essen seitdem nix anderes mehr!

Ja, jaaa!
Mal abgesehen von deinen drei Nutella-Brötchen täglich!
He, soll ich jetzt auch von deinem geheimen Gummibärchen-vorrat erzählen?
Also ich mag Gummibärchen auch sehr gerne!
Haha, wir essen auch nicht jeden Tag japanisch!
Wisst ihr, die japanische Küche nimmt immer mehr europäische Einflüsse auf!
Da gibt es die lustigsten Sachen!
In Japan hab ich mal »Hamburger-Sushi« bekommen!
Der Reis war wie Brötchenhälften geformt und dazwischen lag Fleisch und Majo!
Ich habe auch schon Käse-Croissant-Sushi gesehen!
Die winzigen Croissants waren mit Camenbert und Sushi-Reis belegt!
Es gibt auch Sushi als Tellergericht, so kunstvoll, dass man es mit Messer und Gabel essen muss!

Und wisst ihr, was ich neulich im Supermarkt gesehen habe?
BIOFROST
SUSHI
6MAKI 4NIGIRI 2TEMAKI
+ SOJA GARI
Fertig-Sushi, tiefgefroren, zum Auftauen! Nach drei Stunden kann man es essen! Brrrr!
Aber wart ihr schon mal in einer dieser Sushi-Bars, in denen man an einer Theke sitzt, an der kleine Teller auf einem Laufband kreisen und sich jeder das herunternimmt, was er mag?
Die Teller haben verschiedene Farben, je nach Preiskategorie!
Beim Bezahlen werden sie einfach gezählt.
Ist das denn gut?
Oooch, wir gehen manchmal hin, wenn wir in der Stadt sind!
Es ist okay, wenn es schnell gehen soll!

Bei meinem Büro um die Ecke gibt's Sushi zum Mitnehmen!
Sehr lecker!
Und sehr praktisch beim Arbeiten!
Demnächst laden wir euch ein zu einem deutsch-japanischen Sushi-Crossover!
Ich habe da gerade ein paar gefährliche Ideen bekommen, mit Nordsee-krabben und Matjes, Bismarckhering und Gravad-Lachs!
Los, lass uns gleich was einkaufen und es ausprobieren!
Hahaha! Wir sind gespannt!
Tschüß, bis bald!

SASHIMI
Scheiben oder Würfel von rohem Fisch, die z.B. mit Sojasoße und Wasabi gegessen werden.

NIGIRI (NIGIRI-ZUSHI)
Handgeformtes Reisbällchen mit etwas Wasabi, einer Scheibe Fisch, Meeresfrüchten, Ei oder Gemüse.

MAKI (MAKI-ZUSHI)
In Nori eingerollter Sushi-Reis mit verschiedenen Gemüsen, Fisch, etc. Die Größe und Form variiert mit der Füllung.

CALIFORNIA ROLL
Eine umgekehrte Version von Maki, bei welcher der Reis auf der Außenseite ist. Nori wird mit Krebsfleisch, Avocado und Majonäse als Füllung verwendet.

TEMAKI (TEMAKI-ZUSHI)
Eine Sushi-Art, die bei Tisch zubereitet wird. Ein Noriblatt wird mit Reis und verschiedenen Zutaten zu einer kleinen Eistüte gefaltet.

GUNKAN-MAKI
Japanische Kriegsschiffe (Gunkan) gaben dieser Form ihren Namen. Ein Reisbällchen, mit Nori umwickelt, wird mit Lachseiern oder Seeigeln gefüllt.

OSHI-ZUSHI
Die älteste Form von Sushi, bei der Reis mit marinierter Makrele in einem Holzkasten zu einem Block gepresst wird.

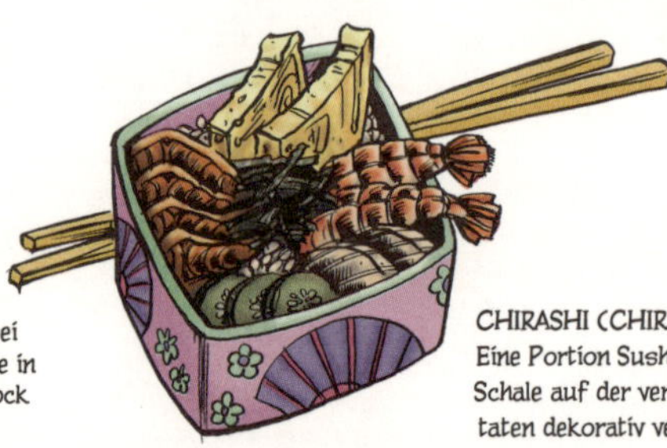

CHIRASHI (CHIRASHI-ZUSHI)
Eine Portion Sushi-Reis in einer Schale auf der verschiedene Zutaten dekorativ verteilt werden.

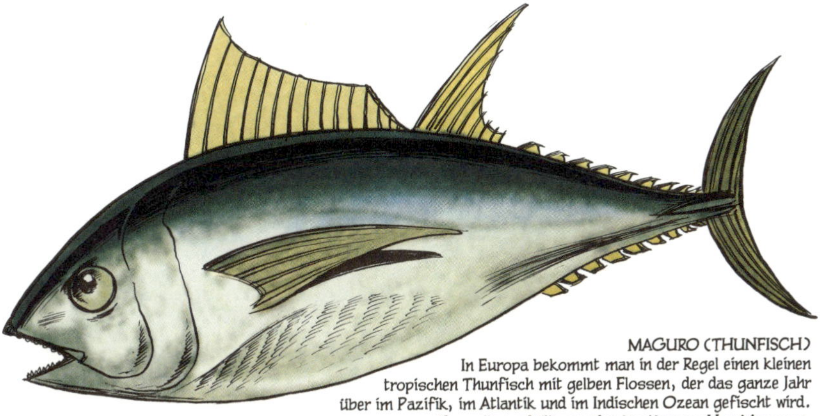

MAGURO (THUNFISCH)
In Europa bekommt man in der Regel einen kleinen tropischen Thunfisch mit gelben Flossen, der das ganze Jahr über im Pazifik, im Atlantik und im Indischen Ozean gefischt wird. Nur selten erhält man den kostbaren »Hon Maguro«.

HON MAGURO (JAP. FÜR »ECHTER THUNFISCH«)
Er wird auf der nördlichen Halbkugel nur in der Saison gefangen, in der er am fettesten ist. Diese Sorte hat die kostbaren fetten Bauchstücke, die »Toro« genannt werden. Das übrige magere Fleisch nennt man »Akami« (rotes Fleisch) oder einfach »Maguro«.

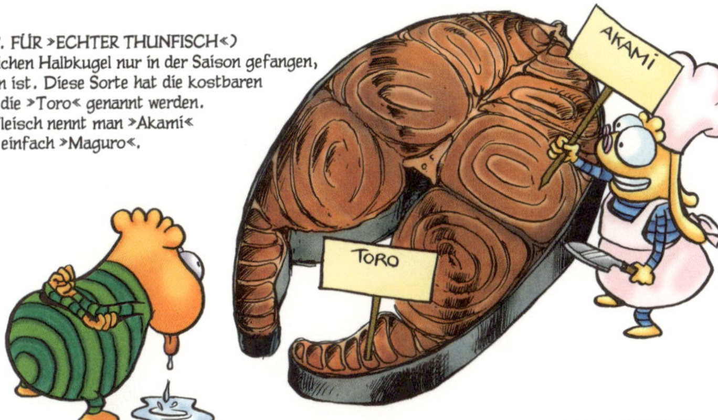

SABA (MAKRELE)
Sie wird weltweit gefangen. Für Sushi werden fette Makrelen bevorzugt. Die Filets werden häufig mit Salz und Essig mariniert und für Nigiri oder Oshi-Zushi verwendet.

KIBAKO, OSHIWAKU ODER KATA
Ein Holzkasten mit stempelartigem Deckel, der exakt in den Hohlraum passt. Der Rahmen lässt sich vom Boden lösen. Japanische Hausfrauen benutzen ersatzweise auch eckige Plastikgefäße, die mit Alufolie ausgeschlagen werden. Fisch und Reis werden darin zu einem Block (Oshi-Zushi) gepresst.

SHAKE ODER SAKE (LACHS)
Die meistverkauften Lachsarten in Europa sind »King Salmon« (Masunosuke) und Atlantik-Lachs (Taiseiko Sake). Dieser Lachs wird aus Kanada und Norwegen importiert. Für die Sushi-Küche wird auch hier fettes Fleisch bevorzugt.

IKURA (LACHSEIER)
Diese kommen in der Regel aus kanadischer Züchtung. Lachseier werden gesalzen, um sie haltbarer zu machen. Daher werden sie vor ihrer Verwendung als Sushi-Zutat oft mit Sake (japanischer Reiswein) gespült, um den Geschmack zu optimieren.

TAI (ROTBARSCH)
In Japan wird dieser Fisch als Glücksbringer zur Neujahrszeit gegessen. Er wird mit Salz gegrillt oder als Sashimi roh geschnitten, wobei Kopf und Schwanz als Dekoration verwendet werden, um den Eindruck zu geben, der Fisch sei noch komplett und lebendig.

Für die Sushi-Küche ist hier in Europa auch das Filet der Dorade oder des Wolfsbarsches zu verwenden. Generell gilt, dass weißes Fischfleisch zäher und magerer ist und in dünnere Scheiben geschnitten werden muss, um es als Nigiri zu verwenden. Die spezielle Schneidemethode für weißes Fischfleisch nennt man »Sogigiri«.

KAREI (SCHOLLE) UND HIRAME (STEINBUTT)
Diese Fische sind, roh serviert, eine Delikatesse in der Sushi-Küche. In Europa ist die fette Maischolle ideal für Nigiri. Das weiße Fleisch der Fische wird hierfür in dünne Scheiben geschnitten, damit es sich leicht zerbeißen lässt. Scholle und Butt lassen sich unter anderem an der Stellung ihrer Augen unterscheiden: Die Augen der Scholle sind rechts, die des Butts links ausgerichtet.

IKA (TINTENFISCH)
Roher Tintenfisch für die Verwendung als Sushi-Zutat muss extrem frisch oder frisch aufgetaut sein! Das Fleisch ist dann fast transparent. In Europa bekommt man tiefgefrorenen »Mongoo Ika« aus dem Mittelmeer. Verwendet wird nur das äußere Fleisch des »Hutes«. Für Nigiri wird dieser in rechteckige Stücke geschnitten, die an der Oberfläche eingekerbt werden, damit sie leichter zu zerbeißen sind.

TAKO (OKTOPUS)
Im Gegensatz zum Tintenfisch werden hier nur die Fangarme für Sushi verwendet. Sie werden gekocht und in dünne Scheiben geschnitten.

EBI (GARNELE)
Die Garnele ist in Japan ein beliebtes Symbol für langes Leben. Der krumme Rücken der Garnele ist symbolisch für den krummen Rücken eines sehr alten Menschen.

Die größte Garnelenart, die »Black Tiger«, wird in Asien gezüchtet. Sie wird etwa 15 cm lang. In Europa wird sie tiefgefroren verkauft. Für die Sushi-Küche werden diese Garnelen gekocht.

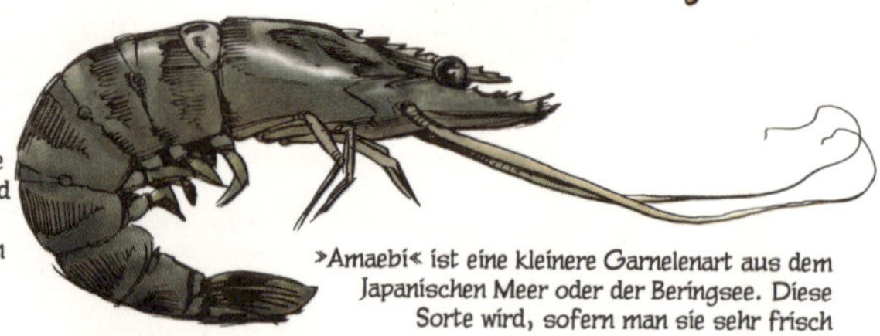

»Amaebi« ist eine kleinere Garnelenart aus dem Japanischen Meer oder der Beringsee. Diese Sorte wird, sofern man sie sehr frisch bekommt, roh gegessen.

UNI (SEEIGEL)
In Japan sind »Kitamurasaki Uni« mit langen Nadeln und »Ezobafun Uni« mit kurzen Nadeln beliebt. In Europa bekommt man tiefgefrorene japanische und frische Seeigel aus dem Mittelmeer. Essbar sind die Zeugungsorgane aus dem Inneren der Schale. Uni wird meistens für Gunkan-Maki verwendet.

HOTATEGAI (JAKOBSMUSCHEL)
Der zarte Muskelteil wird roh und in Scheiben geschnitten für Sashimi und Nigiri verwendet.

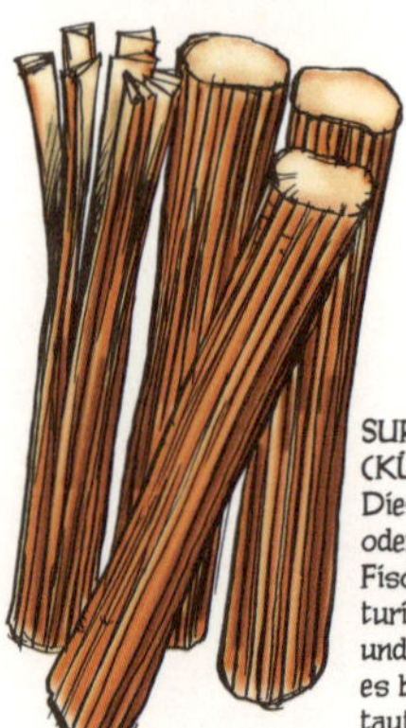

SURIMI ODER KANIBO
(KÜNSTLICHES KREBSFLEISCH)
Dies ist eine beliebte Zutat für Maki-Zushi oder California Roll. Das Fleisch verschiedener Fischsorten wird künstlich strukturiert, zu Stangen gepresst und gefärbt. Man bekommt es beim Fischhändler aufgetaut oder tiefgefroren.

KOME ODER SUSHIMAI (REIS)
Der für Sushi verwendete Reis ist ein Rundkornreis. Japanische Sorten mit Spitzenqualität wie »Koshihikari« oder »Sasanishiki« sind in Europa nur schwer zu bekommen, daher verwendet man auch Reis aus Kalifornien und Italien. Der küchenfertig gekochte und gesäuerte Sushi-Reis heißt »Shari«.

SUIHANKI
(ELEKTRISCHER REISKOCHER)
Dieses Küchengerät ist in Asien so üblich wie hier zu Lande die Kaffeemaschine. Reis kann aber auch problemlos im Topf gegart werden.

SHAMOI (HOLZLÖFFEL)
Beim Würzen mit der Essig-Zucker-Mischung verwendet man angefeuchtete breite Holzlöffel, damit der Reis schnell abkühlt und nicht am Löffel kleben bleibt.

HANGIRI ODER OKE
(HOLZSCHÜSSEL)
In dieser, ebenfalls angefeuchteten Holzschüssel kann der gekochte Reis optimal mit den Gewürzen vermischt werden. Der große Durchmesser sorgt dabei für schnelle Abkühlung. Das ist wichtig, damit der Reis nicht matschig wird. Alternativ ist eine große Salatschüssel zu empfehlen.

TAMAGOKYAKI-KI
(KASTENPFANNE FÜR OMELETT)
In dieser Pfanne wird das Omelett (Tamagoyaki) für die Sushi-Küche gegart. Eier werden nach persönlicher Rezeptur gewürzt, in die Pfanne gefüllt und langsam gestockt, wobei der feste untere Teil immer wieder über den flüssigen gefaltet wird, bis eine dicke Rolle entstanden ist. Diese Technik erfordert viel Übung. Es heißt, man könne die Qualität eines Sushi-Restaurants am Omelett erkennen.

KONBU (SEETANG)
Konbu ist eine Seetangart aus Nordjapan, deren getrocknete Blätter in Teilen mit ins Kochwasser des Sushi-Reises gegeben werden, um dem Reis ein besonderes Aroma zu geben. Die Pflanzenblätter können bis zu fünf Meter lang werden!

SHOYU (SOJASOßE)
Das Hauptwürzmittel in Japan, aus Sojabohnen und Weizen. Die Zutaten werden mit Hefe fermentiert, bevor sie mit Salzwasser vermengt einige Monate reifen. Die Flüssigkeit wird herausgepresst und eingekocht. Durch das Variieren von Fertigungsprozessen und Zutaten entstehen farblich und geschmacklich verschiedene Sorten.

WASABI (GRÜNER MEERRETTICH)
In Europa wird Wasabi aus der Tube oder pulverisiert zum Anrühren mit Wasser verwendet. Es gibt unterschiedliche Qualitäten mit mehr oder minder großem Anteil an echtem grünen Wasabi. Viele Wasabi-Produkte werden aus gefärbtem weißen Meerrettich hergestellt.

WASABI OROSHI (WASABIREIBE)
Zum Reiben einer frischen Wasabiwurzel wird in Japan ein Holzbrettchen mit einem Stück Haifischhaut verwendet. Durch die harte, raue Oberfläche der Haut entsteht beim Reiben eine besonders feine Paste.

GARI
(SÜß-SAUER EINGELEGTER INGWER)
Gari ist ein fester Bestandteil der Sushi-Küche, er wird zwischen den Gängen zur Erfrischung des Geschmacks gegessen und hilft dabei auch, das Fischeiweiß zu verdauen. Frische Ingwerwurzeln werden dafür in hauchdünne Scheiben gehobelt und mit Salz bedeckt, um Wasser zu entziehen. Nach dem Abwaschen des Salzes wird der Ingwer gebrüht und in Essig und Zucker eingelegt.

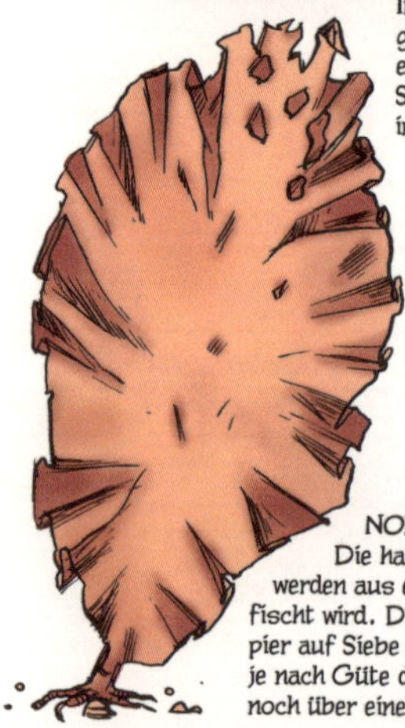

NORI (ALGENBLATT)
Die hauchdünnen Blätter zum Wickeln von Maki werden aus einer Seetangart (Nori) hergestellt, die zum Beispiel an der Pazifik-Küste Japans gefischt wird. Die 15 bis 30 cm hohen Pflanzen werden mit Netzen gesammelt, zerkleinert und wie Papier auf Siebe geschöpft und getrocknet. Die handelsüblichen Produkte sind 20 mal 20 cm groß und je nach Güte der verwendeten Algen, im Preis sehr unterschiedlich. Vor dem Gebrauch werden sie oft noch über einer Gasflamme aufgeröstet und mit der Haushaltsschere passend zurechtgeschnitten.

KYURI (GURKE)
Die Gurke ist eines der beliebtesten Gemüse in der Sushi-Küche. Kleine, dünne Gurken sind besser geeignet als dicke, da sie nicht so viel Wasser absondern. Maki-Zushi mit Gurke nennt man »Kappa-Maki«. »Kappa« ist ein grünes Fabelwesen, das in Flüssen lebt.

SHISO (PERILLA)
Dieses Kraut kommt ursprünglich aus dem Himalaya und hat einen unverwechselbaren Duft und Geschmack. In der Sushi-Küche werden Shiso-Sprossen, Blüten und Blätter verwendet. Es gibt eine grüne und eine rote Blattart.

HORENSO (SPINAT)
Blanchiert und mit Sesam, Sojasoße und Zucker gewürzt, ist Spinat eine beliebte Beilage in der japanischen Küche. Durch kurzes Blanchieren bekommt das Spinatblatt eine leuchtend grüne Farbe und ist sehr dekorativ in Maki-Zushi.

MAKISU (BAMBUSMATTE)
Für das Rollen von Maki-Zushi und California Roll sind Matten aus Bambusstäben erforderlich. Für California Rolls, bei denen der Sushi-Reis auf der Außenseite ist, wird die Matte komplett mit Frischhaltefolie eingeschlagen, die verhindert, dass der Reis an der Matte kleben bleibt.

GOMA (SESAM)
Es gibt schwarzen und weißen Sesam in der Sushi-Küche. Beliebt ist die Verwendung von weißem Sesam, der geröstet und zerstoßen zu Spinat, Chinakohl oder in ganzen Körnern auf California Rolls gegessen wird.

HOCHO
(ALLZWECKMESSER)
Dieses etwa 20 cm lange Messer mit breiter Klinge ist das Universalmesser der japanischen Küche. Man benutzt es für die Verarbeitung von Fisch, Fleisch und Gemüse. Sushi-Meister verwenden verschiedene Klingen, u.a. ein besonders langes Messer zum Schneiden von Sushi-Fisch, das »Sashimi-Hocho«.

STUDIO ISAMOTO

Isabel Kreitz studierte an der FH für Gestaltung in Hamburg und besuchte anschließend die Parsons School of Design in New York. Sie veröffentlichte zahlreiche Alben und Comic-Serien und wurde auf dem Internationalen Comic-Festival in Hamburg 1997 als beste deutsche Comic-Zeichnerin ausgezeichnet. Ihre Leidenschaft für Sushi entdeckte sie bei einem Aufenthalt in Japan auf Einladung des Goethe-Instituts Osaka.

Junko Iwamoto ist freie Journalistin und Mitübersetzerin der Serie »Dragon Ball«. Seit 1998 schreibt sie für japanische Zeitungen und Zeitschriften über Weine, Essen und weitere Themen. Sie ist Mitglied des ABJEV (Associaçãõ Brasiliera dos Journalistas e Escritores do Vinho) und lebt in Hamburg und São Paulo.

Die Autorinnen wurden fachlich beraten von Hideaki Morita und Petra Garling, Original Japanisches Restaurant Matsumi, Hamburg.

CARLSEN COMICS
1 2 3 4 07 06 05 04

Originalausgabe
Redaktion: Petra Lohmann
Layout und Herstellung: Bettina Oguamanam
Lettering: Isabel Kreitz
Farben: Laura Bartels
Druck und buchbinderische Verarbeitung:
Westermann Druck Zwickau GmbH
Litho: Die Litho, Hamburg

ISBN 3-551-77444-7
Printed in Germany

www.carlsencomics.de